Rhwng Gwlân a Gwe
Anni Llŷn

Rhwng Gwlân a Gwe

Anni Llŷn

Cyhoeddiadau
barddas

CYFRES TONFEDD HEDDIW

ⓟ 2021 Anni Llŷn / Cyhoeddiadau Barddas ©

Argraffiad cyntaf: 2021

ISBN 978-1-91158-447-6

Cyhoeddwyd 'Cenfigen ar Clare Road' a '#MeToo'
yn *Blodeugerdd 2020* (Cyhoeddiadau'r Stamp) a
'Sôn am gariad' yn *Llyfr Bach Priodas* (Gwasg Gomer).
Lluniwyd 'Awen yr elfennau' fel rhan o brosiect
'Elfennau' a drefnwyd gan Gwmni Theatr Arad Goch.

Cyhoeddwyd gyda chymorth ariannol Cyngor Llyfrau Cymru.
Cyhoeddwyd gan Gyhoeddiadau Barddas.

Argraffwyd gan Y Lolfa, Tal-y-bont.

I Martha Crug ac Eigra Gwen.
Diolch am yr antur.

Cynnwys

Rhagair

Diolch, i ddechra, i bawb sydd wedi cefnogi a gweithio ar y gyfrol hon. Roedd hi'n amhosib anwybyddu'r amseru wrth baratoi'r casgliad, flwyddyn ers dechrau pandemig y Coronafeirws.
O safbwynt cwbl bersonol, mae hi wedi bod yn brofiad arbennig cael cyfle i gofnodi'r flwyddyn drwy'r casgliad yma. Mae pob un o'r cerddi, yr hen a'r newydd, yn eu ffyrdd bach eu hunain yn fy atgoffa o ryw deimlad neu gyfnod a brofais yn ystod y flwyddyn.

Ym mis Chwefror 2020, rhoddais enedigaeth i'n hail blentyn, Eigra, ac roedd popeth i'w weld yn syml a gwlanog am gyfnod. Ond cymhlethu mae bywyd, yn enwedig mewn blwyddyn anghyffredin. Gobeithio y cewch flas ar y gyfrol, ac y gwnewch fwynhau'r daith o'r flanced wlân oedd am Eigra fach ar hyd y llwybrau dyrys ddaeth wedyn.

Gwlân

Daeth y flanced dyllog, batrymog
drwy'r post,
wedi ei chofleidio mewn papur trwch adain
a sticer crwn o chwaeth
i'w ddal yn ei le.
Rhwygodd y papur
yn hawdd,
ond arhosodd cadernid meddal
y flanced rhwng ei bysedd.
Cododd hi,
a'i hanadlu.
Arogl chwerw
nes yr oedd hi bron â theimlo
gafael seimllyd diwrnod cneifio amdani.
Arogl poetsio plentyndod
wrth roi diod i'r ŵyn.
Arogl amrwd,
naturiol,
y gwir yn hollbresennol.

Ond fydd y fechan
ddim yn barod am hynny,
siŵr iawn.

Mae'r flanced,
maint basged,
yn cael ei golchi
ddwy waith,
a'i throchi mewn blodau o botel.

Byw fel Cora Coralina

Cân ar ei hanner oedd hi,
os hynny,
a finna wedi nodi geiria'r gytgan
yn fawr yn fy llyfr nodiada blêr.

'O am gael treulio fy nyddia
fel Cora Coralina.'

Yr enw'n siwgr eisin
yn fy ngheg.
Dyheu am gael y delfryd
a welwn ym mywyd y bardd o Brazil,
yn pobi a barddoni am yn ail.

O am gael treulio fy nyddia
fel Cora Coralina.
Yn pobi fy ngherddi,
yn odli'r blawd codi
fel Cora Coralina,
fel Cora Coralina.

Ond fe gawsom ni, yn do?
Cawsom roi'r cyfan arall i orffwys am sbel
er mwyn curo'r siwgr i'r menyn,
a chracio'r wyau
wrth osod geiria
o gefnogaeth
a diolchgarwch
yn gacennau pilipala.

Bu rhai yn hidlo'r blawd yn fân
cyn plygu'r gymysgedd yn gynghanedd,
ac eraill a'u harddull-heb-glorian
yn taflu'r cyfan i mewn yn un,
a'i chwipio
am ddau funud union.

O, am gael treulio fy nyddiau
fel Cora Coralina ...

Ac ella mai dyna fydda i'n ei gofio,
cofio byw fel Cora Coralina am gyfnod,
gan adael i'r cacennau a losgais
a'r cerddi anorffenedig
fynd yn friwsion.

Y sgwarnog, yr ebol a'r llo

(*cân Martha*)

Sgwrs aflafar dwy dylluan,
gweld ji-binc ar bolyn trydan,
Siân Slei Bach a dawns y rhedyn,
melyn miniog blodau'r eithin.

> Y sgwarnog, yr ebol a'r llo,
> a'r gwcw wnaeth ganu bob tro.
> Y petha bach sy'n rhoi nerth wrth droed y mynydd,
> ar wahân,
> gyda'n gilydd.

Blodau'r ysgaw, gwyddfid melys,
glaw ar we fel goglais gwefus,
coed yn sibrwd hen, hen chwedlau
tra'n amsugno'r dyrys ddyddiau.

> Y sgwarnog, yr ebol a'r llo,
> a'r gwcw wnaeth ganu bob tro.
> Y petha bach sy'n rhoi nerth wrth droed y mynydd,
> ar wahân,
> gyda'n gilydd.

Y mwyeilch fel gŵr a gwraig
a'r porffor ar lethrau'r graig.
Yr afon a'i halaw iach,
a dy eiriau: 'Dwi'm yn ddewr, dwi'n fach'.

    Y sgwarnog, yr ebol a'r llo,
    a'r gwcw wnaeth ganu bob tro.
    Y petha bach sy'n rhoi nerth wrth droed y mynydd,
    ar wahân,
    gyda'n gilydd.

Awen yr elfennau

*(prosiect creadigol efo Ysgolion Glantwymyn,
Carno a Llanbrynmair, 2017)*

Draw, ar ein llwybrau am dro,
sbri a dawn sy'n sbarduno
rhyw gân yn rhydd ar y gwynt
yn llawn hwyl, yn llawn helynt.
Ochenaid fach y machlud
a glaw sy'n ein gwneud ni'n glyd.
Yn un su o serch a siom,
y sietin agos atom,
a'r afon yn arafu
ei dawns rhwng y gwyn a'r du.
Ein hawen yw'r elfennau
a gwên drwy'r cyfan yn gwau.

Y bobol yn y bolards

Ai ni ydyn nhw?
Y bobol yn y bolards?
Neu ydi hynny
jyst yn
syniad diniwad?
Achos, bob tro dan ni'n sbecian
maen nhw
jyst yna,
yn syllu ar goedan ...
a dan ni'n gneud hynna, yn tydan?
Ydyn nhw'n gwybod
... y bobol yn y bolards ...
fod 'na sôn amdanyn nhw?
Achos yn yr anadlu
sy'n hoel ar y metal
mae 'na sawl stori
a sawl dehongliad.
Ond maen nhw'n gwrthod
... y bobol yn y bolards ...
gwrthod edrych dros eu sgwydda.
Gwrthod cydnabod ein bod ni yna.
Ond ella,
ella,
mai ni ydyn nhw.
Y bobol yn y bolards.

Wyt ti'n cofio Caerdydd?

Wyt ti'n cofio Caerdydd?
Trepsian i'r top
efo'r *duvet* newydd
a'r pegiau dal candi-fflos
i sychu dillad isa uwch y sleisan o wely?
Wyt ti'n cofio Caerdydd?
Adar yn canu drwy'r nos,
y *draining board* wedi sigo,
rhyw atgo wedi tolcio.
Wyt ti'n cofio Caerdydd?
Y crwydro a'r mwydro
a dringo Nei Bevan,
a cholli'r cyfan.
Wyt ti'n cofio Caerdydd?
Y gigio, y glafoerio,
y llyfrau a'r silffoedd
a'r gwasgu rhwng y cloria,
te piso dryw
a'r coffi neis, neis 'na?

Wyt ti'n cofio Caerdydd?
Teneuo gwadna,
Jumpin Jaks,
Live Lounge
a Revs De Cuba.
Wyt ti'n cofio, Caerdydd?
Wyt ti'n cofio fi?

Dim ond hela Pokemon

Mae'r byd yn dy weld
yn drwm yn dy gwman,

yn llusgo dy draed,
yn gwrthod y cyfan.

Dy osgo i osgoi,
yn rhemp o ddidempar,

yn bwdlyd, a 'bodlon',
yn llawer rhy hegar.

Mae'r byd yn dy weld
heb weld dy fyd,

na phrofi'r wefr,
na theimlo'r cryd.

Ond ti'n darganfod
y 'newydd sbon'

yn frawychus o sydyn
fel hela Pokemon.

Cenfigen ar Clare Road

(wrth fynd heibio'r Islamic Cultural Centre, Clare Road)

Cip,
chwinciad,
troi 'mhen am hanner eiliad,
a gweld
o'r car ar Clare Road
olygfa o'm plentyndod.
Canolfan Islamaidd
yn gwagio.
Plant yn 'mrengian,
mamau'n hysian,
tadau'n sgwrsio
a'u hosgo'n gyfarwydd.
Yn y car
dwi'n teithio 'nôl i neuadd bentre
wrth i gyngerdd neu gwarfod
ddod i ben.
A'r olygfa eto.
Plant yn 'mrengian,
mamau'n hysian,
tadau'n sgwrsio
a'u hosgo'n gyfarwydd.

Yn ei ddiwylliant,
diffuant yw dyn.

Y bwystfil ar y mynydd

*(ar ôl gweld cymunedau'r Cymoedd yn pryderu am y tomenni
gwastraff glo sydd uwch eu cartrefi)*

Doedd o ddim yn ddrwg i gyd,
y bwystfil ar y mynydd.
Wrth feddwl 'nôl,
ella na chafodd ddigon o lonydd.
Ond dwi'n cofio chwarae,
rhedeg … cuddio …
nes oedd ein dillad ni'n ddu
a'r ddaear yn llithro.
Dwi'n cofio Mam yn sôn
fel y bydda'i mam-gu yn ei gwaith
yn golchi'r dillad
nes oedd y tŷ yn llaith.
Roedd 'na ryw deimlad o falchder,
ma 'na rywfaint yn dal i fod,
mai ar ein mynydd ni
oedd y bwystfil yn bod.
Ond mae'n anodd osgoi
y teimlad fod o'n aros
i ddial … fel bwystfil …
i'n gorchuddio â'i nos.

#MeToo

Dros drothwy rwyt ti'n gwyro,
anal trwm dro ar ôl tro.
Croesi ffin cyffwrdd glinia,
a dwyn y nerth i ddweud 'na'.
Ai'r dechra ydyw'r dychryn?
Rhoi'r diawl yn lle'n hawl i'n hun?
Ambell air ac ambell wên,
yn abwyd mor anniben
i 'nal fel petawn i'n neb,
yn hwren mewn dihareb.
Ond daw'r byd a'i droi'n lludw.
Mae tân yn hashtag *Me Too*.

Castell

Yng Nghymru mae 'na gewri,
rhai cerrig, cadarn,
yn rhacs o hardd,
yn rhychau o hanesion
na wyddost ti na fi amdanynt.

Ond gwyddom mai ni oedd yno heddiw,
a rhychau plyg ei gledr
yn llwybrau llonydd
wrth i ni fentro chwilio
am galon y cawr.

Rydan ni'n chwerthin ein straeon
a'u hanfon ar hyd y capilarïau
rhwng y cerrig,
yn cusanu cysgod
wrth chwilio am olion

brwydro, magu, mentro,
a chael brechdan gaws
wrth bwyso
ar ei ysgwydd,
er mwyn gweld be welodd o.

Rydan ni'n plygu rhywbeth cyn gadael
a chreu rhych fechan arall
i atgoffa'r rheini ddaw yma fory
pa mor hen yw'r cawr.

Sôn am gariad

(*ar achlysur priodas*)

Mae 'na sôn am daith,
rhyw lwybr maith.
Sôn am gydgerdded y lonydd
drwy'r tywydd teg a'r stormydd.
Mae 'na sôn am fôr o gariad,
sôn am angor, sôn am geidwad.
Sôn am dyfu gwreiddiau,
ac adeiladu gyda dur,
tra bo dau.

Ac yn suo rhwng y sôn,
yn llechu rhwng y llinellau,
mae geiriau eraill,
eich geiriau chi.

Nawr,
cewch chithau rannu'r cyfan.
Mynd ati i sôn a siarad,
a chreu eich syniad eich hun
o'r hyn sy'n cael ei alw'n gariad.

Llŷn

Y mae lle i mi yn Llŷn
rhwng Porth Neigwl a Thowyn,
rhwng Anelog a Thre Ceiri,
mae milltiroedd mwyn i mi.
Yma y mae llond fy myd,
ac mae lle i tithau hefyd.

Wnei di fadda?

Nei di fadda i mi
am i mi ddefnyddio'r gair 'na fel'na?
Am i mi fod yn ddigon twp
i'w roi o'n fan'na?
Nei di fadda
'mod i'n berwi cymaint dwi'n caru'r iaith
a geiria,
ac yna'n gadael i mi fy hun
ddeud rhywbeth fel'na?

Ella na wnest ti sylwi,
ond ella ei fod o wedi bod
fel cyllall yn dy berfadd di.
Nei di fadda
fy niffyg,
fy nihidrwydd hyll?
Nei di fadda?
Achos dwi'n addo,
fydd fy mhlant i
ddim yn siarad fel'na.

Rhoi

Dwi'n sylwi ar siapiau od y cymylau
ac yn gwglo eu henwau ...
Stratus
Cumulus
Nimbus
Dwi'n penderfynu rhedeg i ben y bryn agosaf
er mwyn gorwedd ar fy nghefn
a gadael i fy llygaid eu llyncu.
Dwi'n gollwng fy ngwynt o fy nwrn
wrth feddwl amdanat ti.
Dwi'n dy decstio ...
            'Tyrd ... tyrd am bum munud bach!'
A chyn pen dim
rwyt tithau ar y bryn.
A dwi'n deud, wrth afael yn dy law,
            'Dyma ti ... y cymylau.'

Crempog

Blawd.
Wy.
Llefrith.
Heddiw, alla hi ond meddwl fesul tri.
Cymrodd ei hamser.
Gwawr o fenyn,
brathiad sur y lemwn
fel awel oer ben bora,
a'r siwgr
fel
gwlith.
Blawd.
Wy.
Llefrith.
Crempog arall
a throi'r radio 'mlaen.
Haen arall o wawr ac awel a gwlith.

Blawd.

Wy.

Llefrith.

Newyddion.

Gwrando.

Dewis peidio.

Methu peidio.

Diffodd y radio.

Gwneud un grempog arall.

Blawd.

Wy.

Llefrith.

A chymrodd ei hamser i'w bwyta mewn heddwch.

Cân y mynydd

Mae pawb yn euog weithia,
difaru rhyw dro,
yn gwylltio ac yn myllio,
ac yn mynd o'u co'.

Dyna pryd dwi angen
y grug wrth fy nhraed.
Gwn bydd y mynydd
yn madda i mi.

Pan fydd y Garn yn gwisgo'i gap
a fawr o hap ar dywydd,
a 'nhempar inna 'run mor flin
yn sgrechian am gael llonydd,

dyna pryd dwi angen
y grug wrth fy nhraed.
Gwn bydd y mynydd
yn madda i mi.

Mor hawdd yw dy frifo,
mi wn i yn iawn.
Ond pan mae'r Rhiw yn y niwl,
ma 'mhen inna'n llawn.

Dyna pam dwi angen
y grug wrth fy nhraed.
Gwn bydd y mynydd
yn madda i mi.

Cerdd Aylan Kurdi

Mor hegar yw'r darlun.
Sgrech oer yng ngwyneb dyn.

Plentyn.

Rhwng y môr a'r tywod,
yn y gwacter creulon,
fel gwymon y mae'n gorwedd.

Ai erchyllterau dechrau'r daith
oedd bwrdwn ei freuddwyd olaf?
Neu'r traeth hwn,
a'i dywod celwyddog
yn cynnig castell i'w warchod?

Dwn i ddim.

Ond nid yw'n ddarlun i'w gamddehongli.
Ydi, mae'n cynrychioli,
mae'n mynnu,
mae'n arf perswâd.
Mae'r gwacter creulon yn ffin arall
sydd ar fin chwalu.
Ac fe ystyriwn,
tu hwnt i hwn
mae yno filoedd.

Ond yma,
dim ond un,
yn farw.

Plentyn.

Pryfaid

Ystafell wydr
wedi'i sodro ar dalcian y tŷ.
Ystafell o eithafion.
Yn rhynllyd,
yn danbaid,
yn cydadrodd efo'r haul,
ac yn fanno mae'r pryfaid.

Heddiw,
maen nhw wedi fferru
yng nghorneli
ucha'r ffenestri
hirion.
Haid yn tywyllu tamaid.

Tynnaf fy nghardigan amdanaf
cyn camu'n fy sliperi'n sydyn
i lafn yr oerfel.
Chwilota chwit–chwat
am rywbeth yr o'n i'n amau
oedd yno.

Ystafell o 'nialwch ar gyrion y tŷ.

Dwi'n sylwi
ar y cysgodion yn y corneli.

Maen nhw'n llonydd.
Dyma gyfle i'w chwistrellu,
meddyliaf,
cael eu gwared,
am iddyn nhw hedfan yn chwil
o gylch fy mhen yn llygad yr haul.

Eu difa am eu bod nhw'n niwsans
pan mae eu byd nhw'n cynhesu.
Does dim posib eu gwaredu
pan maen nhw felly.

Ond tydw i ddim yn gwneud.

Dwi'n sgubo golwg dros y llanast,
wedi anghofio am beth yr o'n i'n chwilio.
Ond mae rhywbeth arall yn dal fy llygad
a dwi'n ei gario i'r tŷ.

Bodlon

... mae'n hwyr ... neu'n gynnar ...
a dwi'n codi'r defnydd dros fy mron
a'i glicio 'nôl i'w le,
mae hi'n rhowlio ar ei chefn
yn gynnes o gwsg,
yn llawn
a llonydd;

dwi'n ei chodi'n drwm ar f'ysgwydd
a phwyso fy moch yn ei herbyn

ac mae mynwes y nos yn feddal i gyd.

Deffro

Mae 'na ola bach yn chwara rhwng ein bodia
a rhyw alaw bell yn mwytho croen ein clustia.
Mae 'na wres wedi swatio dan blu y cwrlid
a chyfrinach y nos yn ola gwawr i gyd.

Cyn i'r newydd ddod i ganu ar ein ffona
a chyn i'r llwyd fynnu sleifio dan ein ll'gada,
cyn staen crwn cynta'r dydd o dy gwpan de
a chyn clywed *staccato*'r traed bach ar hyd lle,
dwi'n diolch,
wrth styrbio'r llwch i olau'r haul,
'mod i wedi cael deffro efo chdi.

Genod tŷ ni

Dan ni'n gryf,
dan ni'n glyfar,
dan ni'n ddyrys,
dan ni'n llachar,
dan ni'n annwyl,
dan ni'n teimlo.
Does 'na ddim
sydd am ein rhwystro.

Ffrae

Drwy agwedd o wneud dryga, – 'Yr hi fach
     sydd ar fai,' medd Martha.
  Ond daw rhu a nadu, 'Na!'
  Un deigres ydyw Eigra.

Chwarae cuddio

Pob dydd,
rhaid chwarae cuddio.
Fi a'r tri.
A bydd bob tro chwerthin mân
wrth ddiflannu,
a'r tad yn 'Chwiliwr y Tŷ'.
Sgrialu,
chwalu fel chwa
i gornel, am y gora.

Cilfach tu ôl i'r celfi.
Oes sŵn?
Rhyw sibrwd neu si?
A daw,
wedi'r cyfri dwys,
ar redeg i baradwys,
... ymofni ...
cyn ymafael â'r cwbwl
fel ffŵl 'n ddi-ffael.

Ond yna,
smic yn dawel
o guddfan sbecian-ers-sbel.
Llonydd tu ôl i'r llenni.
Bodiau traed yw byd y tri.

Cymraf eiliad dan f'adain,
yna rhoi,
yn llwyr,
i'r rhain.

Y Tylwyth Teg

Welodd 'na neb
liw'r awyr 'noson honno,
y cymylau'n cynhesu
a'u hymylon yn gwrido.
Dyna sy'n digwydd
pan fo'r Tylwyth ar droed,
pan maen nhw, o'r diwedd,
yn dod at eu coed.

Pan ddaeth y llonyddwch
dros bawb fel carthen,
gan gosi'n annifyr
cyn ffitio'n gymen,
daeth cyfle i'r Tylwyth
aildroedio'r tir,
roedd yr aros wedi bod
yn boenus o hir.

A daethant i gyd
o wrid y cymylau
i guddio eto
rhwng y dail a'r petalau.

Fi yw'r cadw-mi-gei

Dwi'n eu llithro nhw mewn drwy'r twll ar fy nghorun
a'u teimlo nhw'n suo fel sŵn deffro'r gwanwyn.

Pob sbonc blaenau traed wrth i ti ddweud stori
a'r tro wnest ti fyta plisgyn wy 'di ferwi.
Pan oedd Cyw yn 'Coi' a thylluan yn 'Gwlidŵ',
a phob tro ti'n gofyn yn uchel, 'Pwy 'di nhw?'
Pan wnest ti ddeud 'boncyff' wrth drio deud 'boncyrs'
a'r lliw yn dy lygaid pan welaist ti goncyrs.
A phan ma'r un fach yn deud 'llall' am bob esgid
ac yn 'mrengian wrth hel mwytha dan gariad y cwrlid.

Maen nhw i gyd yn gorwedd yn un twmpath blêr
fel fferins mewn jâr neu storfa sêr,
yn ddisglair o fywyd, yn llawn a melys,
a finna'n cynilo'n ofalus, ofalus.

I Casia

(ar ddechrau ei chyfnod fel Bardd Plant Cymru 2017–2019)

Coflaid, dyna yw'r cyfle
gan ysgolion llon hyd 'lle.
Gei di hwyl, gei di hela
straeon yn don o ddweud da.
Odla fel pla ym mhob plyg
a chamau'n llawn dychymyg.
Acenion hyd y lonydd,
a'r ha' lond eu cerddi rhydd.
Bydd lliw, chwiw a thorri chwys.
Casia, mae'n fyd llawn cesys.
A gwn y byddi'n gennad
i awen lawen dy wlad.

Creu wedi colled

Sut fedraist ti osod y geiriau mewn trefn,
a ias y golled yn crafangu dy gefn?
Sut fredraist ti ddweud y cyfan mor dlws
a'r cardia 'na'n dal i ddisgyn o'r drws?
Sut fedraist ti gynnig y geiriau fel cysur
i rheina draw fan'cw, a'u bywyd yn brysur?
Sut fedraist ti droi y dafnau'n inc hallt?
Does 'na ddim ateb. Dim ond ti sy'n dallt.

Gair

Gair o gyngor,
gair o gysur,
gair bach sydyn
pan fyddi'n brysur.
Gair o groeso
neu air croes,
gair 'neith aros
ar hyd dy oes.
Gair i gofio,
gair atgoffa,
gennyt ti
mae nerth y geiria.

Rhithiol

Roeddat ti'n perthyn i'r chwedlau,
hen goelion a rhyfeddodau.
Roeddat ti'n llwch o freuddwyd
na allwn dy gyffwrdd na'th ysgwyd.

Ond rŵan ti'n ddigwyddiad,
yn bennawd gweithdy, yn farchnad.
Ti'n newid, ti'n ymgnawdoli.
Heddiw, ti'n ffordd o oroesi.

Eto'n fardd

Efallai mai dim ond am gyfnod
y bu hi'n fardd.

Efallai
mai dim ond tra oedd hi ar ei phen ei hun
yr arafodd y byd ddigon
iddi fedru trosi'r cyfan yn rhywbeth arall,
rhywbeth oedd yn gwneud synnwyr.

Ofnodd hynny
wrth wasgu'r feiro
yn gyndyn yn erbyn yr hoel ar ei bys.
Y tolc a wnaed wrth iddi fwrw'i hun ar bapur
pan oedd hi'n ifanc
... ac yn ffôl.

Rŵan,
doedd hi ddim ar ei phen ei hun
ac roedd tolciau wedi ymddangos mewn llefydd eraill.

Ond yn rhyfedd ddigon,
er nad oedd hi 'run un,
roedd hi eto'n fardd.

Rhwydo

'... ac i grynhoi felly, 'rhyng-rwyd' yw'r term fydd yn cael
ei ddefnyddio.'

'Ond onid ydi "rhwyd" yn gwneud iddo swnio fel trap?'

Aeth y cwestiwn gyda'r newid mân i lawr cefn y soffa ledr
wrth i'r Bol Mawr stryffaglu i sefyll
er mwyn cael ymuno â'r ysgwyd llaw
a churo cefna'r gweddill.
A dyna pryd y dechreuodd petha newid.
Dechreuodd y bobol
droi'n bysgod
fesul un, fesul sgrin,
heb syniad
i ba gyfeiriad
yr oeddan nhw'n nofio,
a phob un yn troi'n ei ddryswch ei hun.
Allai'r rhwyd wneud dim,
ond dal y rhialtwch,
a bwydo'r dryswch.
Llithrodd ambell un drwy'r tyllau.

Ond allai'r rheini ddim anghofio
y profiad o fod yn bysgodyn heb allu nofio.
Roedd y Bol Mawr ei hun, hyd yn oed,
yn boddi rhwng y cefnau cennog.
Ond fe ddaeth y pysgod i sylweddoli,
wrth annog ei gilydd i guro'u cynffonna i'r un cyfeiriad,
y gallai'r rhwyd symud a newid ei siâp.
Yn wir,
gallai lacio.
Ac o hynny, daeth y bobol-bysgod
i ddelio â'r rhwyd yn eu ffordd fach eu hunain.
Gan ddal llygaid ei gilydd bob hyn a hyn
i gydnabod yr hyn oedd yn gyffredin rhyngddynt.

'... yn ferch wasanaethgar mewn byd ac eglwys'
(*er cof am Nain*)

Dyna oedd y geiria
yn y pwt yn y papur
am ddydd eich priodas
a'ch 'melrawd' mewn modur.

Ac mae'r cardia cydymdeimlo
yn llawn teyrngeda
i ddynas weithgar
â lled ar ei sgwydda.

Mae sawl un yn sôn
am y croeso a'r bwyd
wrth alw'n Bodnitho,
yn llachar neu'n llwyd.

A chitha, mi glywaf,
yn eich blawd yn y gegin
yn llyncu anadliad
wrth i chi chwerthin.

Mae pawb yn cofio
eich cariad at gymuned,
eich ymroddiad bonheddig
a'ch cenedlaetholdeb.

Ond dim ond y ni
sy'n cofio'r hel mwytha,
y madda pob dim
a'r colbio crystia,

y darllan, y sgwrsio
a'r holi hanesion,
a sut yr aeth rheini
yn gerrig adfeilion.

Ond wedi 'mi sychu
fy nagrau â'm hancas,
caf eich cwmni, mi wn,
wrth ei gwthio i'm llawas.

Gwe

Mynd yn ddigon buan wnes i,
cyn i unrhyw gar fod,
a theimlo un
fel bysedd mam ar dalcen cwsg.

Wyddwn i ddim beth oedd 'na i ddechra,
dim ond cael rhyw ysfa i rwbio 'ngwyneb.

Yna, mewn chwarter eiliad perffaith,
dyma fi'n dal yr haul yn dawnsio
ar flaenau ei draed.
Acrobat syrcas bach y bora
yn troedio rhaff dynn.

Am chwarter eiliad perffaith,
gweld gwe o glawdd i glawdd,
cyn i'r haul ddisgyn a chwalu
dros drampolîn gwlyb y tarmac.

Wedi diwedd yr act
es yn fy mlaen â'r dro
drwy'r we,
a fy nghydwybod
yn gwingo rhywfaint gan y gosfa.

Ond mi fydd hi yno eto bora fory,
wedi'i hailosod yn gadarn
o glawdd i glawdd
ar draws y lôn,
am fod ganddi hawl i fod yno.

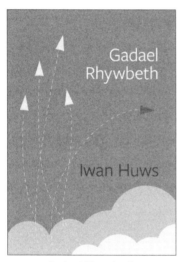

Gadael Rhywbeth

Ar Ddisberod

Ni Bia'r Awyr

Storm ar
Wyneb yr Haul

Hel Llus yn y Glaw

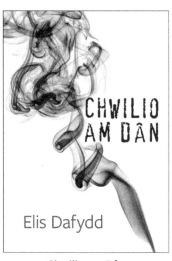

Chwilio am Dân

Eiliad ac Einioes